MES SENS

La vue

CHRISTINA EARLEY

Un livre de la collection
Les racines de Crabtree

CRABTREE
Publishing Company
www.crabtreebooks.com

Soutien de l'école à la maison pour les parents, les gardiens et les enseignants

Ce livre aide les enfants à se développer grâce à la pratique de la lecture. Voici quelques exemples de questions pour aider le lecteur ou la lectrice à développer ses capacités de compréhension. Les suggestions de réponses sont indiquées en rouge.

Avant la lecture

• De quoi ce livre parle-t-il?
  • *Je pense que ce livre parle de mon sens de la vue.*
  • *Je pense que ce livre parle de la façon dont j'utilise mes yeux.*

• Qu'est-ce que je veux apprendre sur ce sujet?
  • *Je veux apprendre au sujet de la partie de mon corps que j'utilise pour voir.*
  • *Je veux apprendre comment mes yeux assurent ma sécurité.*

Pendant la lecture

• Je me demande pourquoi...
  • *Je me demande pourquoi mes yeux peuvent voir de nombreuses couleurs.*
  • *Je me demande pourquoi mes yeux peuvent voir de nombreuses choses.*

• Qu'est-ce que j'ai appris jusqu'à présent?
  • *J'ai appris que j'utilise mes yeux pour voir des animaux.*
  • *J'ai appris que mes yeux peuvent voir de petites choses et de grandes choses.*

Après la lecture

• Nomme quelques détails que tu as retenus.
  • *J'ai appris que la vue est l'un de mes cinq sens.*
  • *J'ai appris que j'utilise mes yeux pour lire.*

• Lis le livre à nouveau et cherche les mots de vocabulaire.
  • *Je vois le mot **yeux** à la page 4 et le mot **sécurité** à la page 8. Les autres mots de vocabulaire se trouvent à la page 14.*

La vue est l'un de mes cinq **sens**.

J'utilise mes
yeux pour voir.

Je vois de belles **couleurs**.

Regarde les
nombreux animaux.

Mes yeux m'aident à assurer ma **sécurité**.

Regarde ce
qui est **petit**.

Regarde ce
qui est **grand**.

J'utilise ma vue
pour apprendre.

Liste de mots

Mots courants

aident	cinq	ma	regarde
animaux	de	mes	un
apprendre	est	nombreux	utilise
assurer	je	pour	vois
ce	la	qui	

La boîte à mots

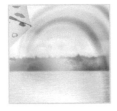 **couleurs**

 **grand**

 **petit**

 **sécurité**

 **sens**

 **yeux**

44 mots

La vue est l'un de mes cinq **sens**.

J'utilise mes **yeux** pour voir.

Je vois de belles **couleurs**.

Regarde les nombreux animaux.

Mes yeux m'aident à assurer ma **sécurité**.

Regarde ce qui est **petit**.

Regarde ce qui est **grand**.

J'utilise ma vue pour apprendre.

La vue

Autrice : Christina Earley

Conception : Rhea Wallace

Développement de la série : James Earley

Correctrice : Janine Deschenes

Conseils pédagogiques : Marie Lemke M.Ed.

Traduction : Annie Evearts

Coordinatrice à l'impression : Katherine Berti

Références photographiques :
Shutterstock : Chinnapong : couverture; Oekka.k : p. 1; wavebreakmedia : p. 3, 13, 14; Mariia Khamidulina : p. 4, 5, 14; Jorra : p. 6; Serget Novikov : p. 9, 14; IM_photo : p. 11, 14

Crabtree Publishing Company

www.crabtreebooks.com   1-800-387-7650

Publié aux États-Unis
Crabtree Publishing
347 Fifth Avenue
Suite 1402-145
New York, NY, 10016

Publié au Canada
Crabtree Publishing
616 Welland Ave.
St. Catharines, Ontario
L2M 5V6

Imprimé au Canada/062021/CPC

Catalogage avant publication de Bibliothèque et Archives Canada
Titre: La vue / Christina Earley ; texte français d'Annie Evearts.
Autres titres: Sight. Français.
Noms: Earley, Christina, auteur.
Description: Mention de collection: Mes sens | Les racines de Crabtree | Traduction de : Sight. | Comprend un index.
Identifiants: Canadiana (livre imprimé) 20210277793 | Canadiana (livre numérique) 20210277815 | ISBN 9781039605589 (couverture souple) | ISBN 9781039605633 (HTML) | ISBN 9781039605688 (EPUB) | ISBN 9781039605732 (livre numérique avec narration)
Vedettes-matière: RVM: Vision—Ouvrages pour la jeunesse. | RVMGF: Documents pour la jeunesse.
Classification: LCC QP475.7 .E2714 2022 | CDD j612.8/4—dc23